AF339604

VIE

DE

SAINT SILVIN

Évêque Régionnaire

ET

PATRON D'OFFIN.

Montreuil-sur-mer,

Imprimerie Jules DUVAL, Grande-Rue, 88.

1868.

VIE

DE

SAINT SILVIN

Evêque Régionnaire

ET

PATRON D'OFFIN.

Montreuil-sur-Mer,

Imprimerie Jules DuVAL, Grande-Rue, 88.

1868.

MONTREUIL, IMPRIMERIE DE JULES DUVAL.

PRÉFACE.

Offin est un petit village du Pas-de-Calais, situé à égale distance de Montreuil, d'Hesdin, de Fruges et d'Hucquéliers.

Les habitants vivent tous de leur industrie ; mais si l'on n'y voit pas de grandes fortunes, on n'y rencontre aussi que très-peu de pauvres, parce que tous aiment le travaille, et s'ingénient à trouver les ressources nécessaires à la vie avec une activité infatigable.

Ils ont, en général, conservé la simplicité et le fond de foi de leurs ancêtres. On ne remarque chez eux nulle prétention, nulle gêne dans les rapports ordinaires, où tout se passe avec un laisser-aller qui n'est pas dépourvu de charme ni de jouissances Bien que la plupart vivent au sein d'occupations incessantes, ils ne demeurent pas étrangers à ce qui regarde la religion, et ils en offrent une preuve touchante dans le culte qu'ils professent pour saint Silvin, leur patron, en qui ils ont une grande confiance.

C'est donc particulièrement aux bons habitants d'Offin que l'on vient offrir cet opuscule, entrepris uniquement pour la gloire de Dieu et la glorification de saint Silvin. On l'adresse surtout à ceux qui n'ont point le loisir de lire de gros ouvrages, ni la faculté d'acheter des livres coûteux ; ils trouveront ici, sous une forme abrégée et mise à la portée de tous, les principaux traits de la vie d'un saint pour lequel ils ont, à si juste titre, la plus grande vénération.

VIE

DE

SAINT SILVIN.

CHAPITRE I.

Jeunesse de saint Silvin.

D'après les renseignements historiques recueillis dans différents auteurs, saint Silvin naquit vers le milieu du VIIe siècle, à Toulouse, aujourd'hui chef-lieu du département de la Haute-Garonne.

Comme sa famille était une des plus riches et des plus illustres du Languedoc, il fut obligé de passer sa première jeunesse à la Cour des Rois Childéric II et Thierry III. Le poste était dangereux pour un jeune homme doué des plus belles qualités de l'esprit et du corps, et qui jouissait de la faveur du Prince. Il eût été bien difficile qu'il s'y fût conservé dans l'innocence, si son beau naturel et l'éducation chrétienne qu'il avait reçue dans sa famille n'eussent encore été soutenus par des grâces particulières auxquelles il répondit toujours avec fidélité.

Ces belles qualités de Silvin, qui lui avaient mérité l'estime du Roi et de toute la Cour, la pureté de ses mœurs, son bel esprit et son rare mérite le firent regarder dans la province, comme le seigneur le plus accompli de son temps. Ses parents pensaient à l'établir, et les meilleures maisons du Languedoc recherchaient fort son alliance ; mais le Seigneur, qui l'avait prévenu de ses plus douces bénédictions, avait d'autres desseins sur lui.

Ses parents, ayant trouvé une jeune fille de qualité, aimable et vertueuse, voulurent que Silvin l'épousât.

Quelque éloignement qu'eût notre saint d'un état qui convenait si peu aux grandes idées de perfection qu'il s'était toujours proposées, il crut qu'après avoir témoigné sa répugnance, il devait obéir à la volonté des auteurs de ses jours, espérant toujours que le Seigneur qui voyait les dispositions de son cœur, et sa parfaite soumission à ses ordres, conduirait toutes choses à ses fins. Les fiançailles furent célébrées avec joie et magnificence. Mais Dieu qui prend plaisir à donner de temps en temps à son Église de ces exemples de détachement parfait et de magnanimité vraiment chrétienne, fit si bien sentir à notre saint la vanité de ces établissements périssables, qu'il résolut de renoncer au monde pour se consacrer au service de Dieu.

Délivré de ses liens, avec le consentement de sa future, il ne s'étudia plus qu'à plaire au Seigneur, et après s'être disposé au sacerdoce, il reçut les ordres sacrés.

CHAPITRE II.

Ses Pèlerinages.

Pour suivre Jésus-Christ avec plus de facilité, Silvin se retira de la Cour et s'éloigna de son pays et de sa famille, après avoir partagé entre les pauvres tout ce qui lui appartenait. Libre de tout souci, il prit le bâton de pèlerin, et s'en fut par le monde visiter les sanctuaires les plus chers à la piété des fidèles et les plus accrédités par la protection miraculeuse du ciel.

C'est ainsi qu'il parcourut successivement la France, l'Espagne, l'Allemagne, l'Italie, laissant partout des monuments de sa piété et de son zèle.

Mais bientôt, désireux de retracer plus vivement dans son esprit la mémoire de la passion de notre Sauveur, par la vue de la terre qu'il avait arrosée de son sang, il fit le voyage de la Terre-Sainte, sans s'inquiéter de la longueur des chemins, ni des dangers qu'il pouvait courir, soit de la part des brigands qui infestaient les routes, soit même de la part des animaux féroces, qui parcouraient alors librement les champs et les forêts. Si les difficultés étaient grandes, le cœur de Silvin était plus grand encore ; rien n'aurait su l'arrêter. L'amour dont il était embrasé pour son Divin Maître lui fit franchir tous les obstacles.

Arrivé en Palestine, il parcourut les lieux que le Sauveur des hommes avait sanctifiés par sa présence. Prosterné sur le tombeau de Jésus-Christ, il sentit son cœur brûler d'un feu tout divin pour le salut des âmes, et redoubler son courage pour combattre les combats du Seigneur.

De retour en Europe, Silvin se rendit à Rome, la capitale du monde catholique. Dans ce pèlerinage au tombeau des Saints Apôtres, il portait, par mortification, de lourdes pierres qui appesantissaient sa marche et déchiraient sa chair. Il les laissa par dévotion devant l'église de Saint-Pierre.

Le pape, connaissant son éminente vertu et ses rares talents, voulut le sacrer lui-même évêque, et lui conféra la mission de prêcher l'Evangile aux nations, sans lui assigner de province particulière.

C'est ce qu'on appelait alors un évêque régionnaire.

CHAPITRE III.

Son Apostolat.

Après avoir reçu la bénédiction du Pontife romain, Silvain repassa les Alpes, et rentra en France. Il administra pendant quelque temps le diocèse de Toulouse, sa terre natale, et y fit refleurir la religion dans tout son éclat.

Mais bientôt, ne trouvant plus dans ces contrées un champ assez vaste pour exercer son zèle, il résolut d'aller chercher une autre moisson, et de porter le flambeau de la Foi à des peuples assis à l'ombre de la nort.

Ce fut vers le pays que nous habitons que Silvin dirigea ses pas.

Là, son apostolat devait durer longtemps.

Il y arriva vers l'an 675. Pendant quarante années, il parcourut les villes et les bourgs de la Morinie, dont Thérouanne était la capitale, sans autre trêve que celle qu'exigeait par intervalle le délabrement d'un corps exténué par les fatigues et les macérations.

Les peuplades de ces contrées à demi sauvages ne l'écoutèrent d'abord qu'avec indifférence ; mais bientôt, frappées des prodiges qu'il opérait sous leurs yeux, témoins de l'austérité de sa vie, et surtout de son admirable charité envers les pauvres, elles reconnaissent l'envoyé de Dieu, brisent leurs idoles, et demandent le baptême.

Quarante années de courses apostoliques dans un pays barbares ; quarante années de prédication incessante de Thérouanne à Boulogne et de Boulogne à Hesdin ; quarante années, pendant lesquelles il évangélisa, baptisa, confessa, communia des milliers de fidèles ; quarante années, pendant lesquelles il ne vécut que de légumes, sans manger même de pain ; quarante années, pendant lesquelles il coucha sur la terre nue avec un cilice et des cercles de fer mêlés de pointes qui faisaient ruisseler son sang ; quarante années, pendant lesquelles il soulagea les pauvres, reçut les voyageurs, construisit des églises, tel fut, parmi nous, ostolat de saint Silvin. Il a été, dit l'historien de sa vie, le père des orphelins, le protecteur des veuves, l'ornement de la religion.

CHAPITRE IV.

Sa mort.

La soif du salut des âmes qui dévorait le cœur de Silvin ne l'abandonna jamais, et jusqu'à sa dernière heure, il travailla à la propagation de la foi. Malgré l'épuisement de ses forces, il ne voulait point interrompre le cours de ses missions et restait sourd aux réclamations de ses amis, quand il fut saisi d'une fièvre violente, qu'il reconnut devoir être mortelle. Il se fit aussitôt transporter à Auchy-lez-Moines, où il s'était fait construire une petite maison, qui était son pied-à-terre pour ses heures de repos.

Dès lors, comme s'il eût eu connaissance du jour de sa mort, il s'y prépara avec des transports d'amour inconcevables. Chaque jour il fit célébrer devant lui le sacrifice de la Messe, et tous les jours aussi il puisait de nouvelles grâces dans la sainte communion. Il voulait qu'on récitât sans interruption des psaumes autour de son lit de douleur ; il s'y unissait de cœur et souvent de la voix, afin de mourir, comme il avait vécu, en redisant les louanges de son Créateur.

Enfin, le soir du samedi, il aperçut une troupe d'anges qui venaient l'inviter à prendre possession de la gloire que le Seigneur lui réservait. La joie qu'il eut de cette vision lui fit crier plusieurs fois : *Voici les anges qui s'approchent de nous pour nous conduire au ciel*; et, en répétant ces paroles avec de grands ravissements d'allégresse, il rendit paisiblement son âme à Dieu.

C'était le 17 février 716.

Tout aussitôt il fut honoré comme un saint. Ses obsèques furent célébrées avec une pompe et une magnificence qui tenaient du triomphe.

Le comte Adalscaire, et son épouse Anéglie, femme issue du sang royal de France, lui rendirent les derniers honneurs, et déposèrent ses restes dans la nouvelle église du monastère des religieuses d'Auchy, qu'ils avaient fait bâtir pour leur fille, Sicchède, qui en fut la première abbesse. Celle-ci orna de lames d'or et de couronnes d'argent le tombeau du saint prélat, qu'un grand nombre de miracles rendit bientôt célèbre dans toute la France.

L'an 880, les Normands ravageant notre pays, les reliques de saint Silvin furent transportées à Dijon, et de là dans l'abbaye de Bèse, où elles furent en dépôt jusqu'à l'année 951. A cette date, le comte de Flandre, Arnoul I, les fit transférer à Saint-Omer dans l'abbaye de Saint-Bertin, où elles sont restées, à quelques parcelles près qui ont été accordées, en 1516, au monastère d'Auchy, où elles furent reçues au milieu des transports de la plus vive allégresse. C'est à cette dernière solennité qu'une dame des environs de Bordeaux, aveugle depuis vingt-six ans, recouvra la vue.

CHAPITRE V.

Son culte à Offin.

Les habitants d'Offin ont toujours honoré leur saint patron d'un culte particulier. C'est ici le lieu de rapporter cette tradition légendaire que les générations se sont transmise de vive voix :

Saint Silvin, lorsqu'il résidait à Auchy-lez-Moines, allait chaque dimanche à Offin par un petit sentier dont on montre encore quelques vestiges et qui a conservé le nom de *Sentier de saint Silvin*. Arrivé sur le territoire de ce village, le saint frappait du pied la terre, et la cloche de l'église se mettait d'elle-même en branle pour inviter les fidèles à se rendre à l'office divin. C'est ainsi que Silvin allait régulièrement, malgré son grand âge et ses infirmités, évangéliser le peuple d'Offin qu'il affectionnait particulièrement.

Un jour, il fut surpris dans le chemin par un violent orage, mêlé de grêles. Le désagrement qu'il en ressentit lui arracha un murmure presque involontaire. Alors Dieu voulut l'éprouver ; car ce jour-là, la cloche parut d'abord sourde à son appel. Silvin, reconnaissant dans cette abstention un châtiment infligé à son murmure, se jeta à genoux malgré la fureur de la tempête, et demanda pardon à Dieu, en répandant des larmes amères. Aussitôt, la cloche s'ébranla comme de coutume, l'orage cessa, et depuis lors, dit-on, la foudre n'est jamais tombée sur le territoire d'Offin.

Quoiqu'il en soit de cette tradition, les habitants du village voient chaque année avec un intérêt tout particulier revenir la Fête de leur saint patron, et ils la célèbrent avec la plus vive ardeur. Ce jour-là, on les voit tous, jeunes et vieux, pauvres et riches, revêtus de leurs habits les plus précieux, se réunir, se confondre, et diriger ensemble leurs pas vers le lieu où repose l'image vénérée du protecteur commun. Le fils y accompagne son père, la mère y conduit sa fille. Ceux qui, nés à Offin, se trouvent éloignés par des établissements étrangers ou pour d'autres motifs, se hâtent de venir reprendre, en ce beau jour, leur place ancienne, et dans la famille et dans le saint lieu.

Là, après avoir payé le tribut de leurs adorations au Souverain Maître, ils se tournent vers celui que, dans leur langage simple, mais expressif, ils appellent leur bon, leur saint patron ; et tous ensemble, ils le conjurent avec ferveur de toujours les préserver du tonnerre dans leurs personnes et leurs biens, et de leur obtenir les grâces dont ils ont besoin pour marcher sur ses traces, et mériter ainsi de lui être un jour réunis.

Parmi les hommes qui contribuèrent le plus à l'extension du culte de saint Silvin, la tradition nomme Nicolas Lédé, qui naquit à Offin, en l'an 1600, d'une famille indigente, mais chrétienne. Après avoir grandi jusqu'à l'âge de onze ans à l'ombre du modeste autel de son village, il s'en fut avec sa mère à l'abbaye de Saint-André, où elle avait été mandée pour prendre la direction de la basse-cour. Les religieux, reconnaissant en Lédé une profonde intelligence, jointe à une mémoire prodigieuse, le firent étudier au collége d'Hesdin ; et plus tard, à l'âge de trente-six ans, il devint lui-même abbé du monastère de Saint-André.

Cet homme qui, des rangs les plus obscurs de la société, s'était élevé par sa science et les éminentes qualités de son esprit, à la haute dignité d'abbé de l'un des plus riches monastères de notre pays, et qui avait été élu vicaire-général de l'ordre de Prémontré pour les Pays-Bas, la Saxe et le Ponthieu, n'oublia jamais son village natal ; et en 1640, il obtint pour l'église d'Offin un petit os du bras de saint Silvin, qui a été perdu lors de la Révolution.

Pendant les jours de la Terreur, le culte de ce saint se ralentit un peu. Mais quand le calme et la liberté furent rendus à l'E-glise, la fête patronale reprit son éclat antérieur, et la foule accourut, comme auparavant, implorer le secours du saint protecteur dont le crédit est si grand auprès de Dieu.

Pour favoriser cette dévotion populaire,

M. Watringue, Juge d'Instruction à Saint-Omer, fit don à l'église d'Offin d'une magnifique statue de saint Silvin, qui remplaça l'ancienne, et que M. l'abbé Telliez, curé de la paroisse, inaugura solennellement le dimanche 19 février 1854, jour où l'on célébrait cette année la solennité patronale.

Mais il manquait encore quelque chose aux habitants d'Offin pour compléter le culte de saint Silvin.

M. l'abbé Bourgois, depuis qu'il était leur pasteur, nourrissait une espérance qui est devenue une réalité. Les reliques de saint Silvin ont disparu lors de la Révolution ; mais le grand séminaire d'Arras en a conservé d'importants tronçons. Pour-

quoi, pensait-il, les habitants d'Offin n'ob-
tiendraient-ils pas d'en recouvrer au moins
une petite parcelle ? Aucune ambition ne
saurait être plus légitime. Or, pendant que
cet ecclésiastique se trouvait en retraite à
Arras au commencement de septembre
1867, M. l'abbé Proyart, vicaire-général,
lui remit un petit ossement du saint évêque ; et le dimanche, 15 septembre, l'église
d'Offin reçut sur ses autels cette précieuse
relique.

Maintenant, il ne reste qu'un vœu à for-
mer, c'est que la fête de saint Silvin soit
toujours, pour tous ceux qui y prendront
part, l'époque certaine d'un renouvelle-
ment sensible dans la piété, et d'une plus
grande exactitude aux devoirs de leur état.

LITANIES.

Seigneur, ayez pitié de nous.

Jésus Christ, ayez pitié de nous.

Seigneur, ayez pitié de nous.

Jésus-Christ, écoutez-nous.

Jésus-Christ, exaucez nous.

Père céleste, qui êtes Dieu, ayez pitié de nous.

Fils, Rédempteur du monde qui êtes Dieu, ayez pitié de nous.

Esprit-Saint, qui êtes Dieu, ayez pitié de nous.

Sainte Trinité, qui êtes un seul Dieu, ayez pitié de nous.

Sainte Marie, priez pour nous.

Saint Silvin, vous dont l'enfance fut dirigée vers le bien,

Saint Silvin, qui avez été docile aux inspirations de la grâce,

Saint Silvin, qui avez abandonné pour Jésus-Christ l'épouse que vos parents vous avaient choisie,

Saint Silvin, qui avez renoncé aux honneurs de la terre,

Saint Silvin, qui vous êtes dépouillé de tous vos biens,

Saint Silvin, qui avez pris le bâton de pèlerin pour visiter les saints lieux,

Saint Silvin, qui avez suivi au calvaire les traces de Jésus,

Saint Silvin, qui avez prié à Rome sur le tombeau des apôtres,

Saint Silvin, qui avez reçu la bénédiction du Pontife romain,

Priez pour nous.

Saint Silvin, illustre apôtre de la Morinie,

Saint Silvin, ami des pauvres,

Saint Silvin, consolateur des malheureux,

Saint Silvin, modèle d'humilité,

Saint Silvin, modèle d'une vie crucifiée,

Saint Silvin, patron d'Offin,

Priez pour nous.

Agneau de Dieu, qui ôtez les péchés du monde, pardonnez-nous, Seigneur.

Agneau de Dieu, qui ôtez les péchés du monde, exaucez-nous, Seigneur.

Agneau de Dieu, qui ôtez les péchés du monde, faites-nous miséricorde.

Jésus-Christ, écoutez-nous.

Jésus-Christ, exaucez-nous.

℣ Priez pour nous, saint Silvin ;

℟ Afin que nous soyons toujours préservés du tonnerre.

PRIÈRE.

Bienheureux Silvin, vous qui jouissez maintenant de la gloire de Dieu, et qui nagez au sein des plus pures délices, ne nous oubliez pas. Nous sommes les enfants dont vous avez évangélisé les pères ; daignez nous conduire par la main dans le sentier de la vertu, afin qu'à l'heure de la mort nous puissions, comme vous, nous écrier : *Voici les Anges qui approchent pour nous conduire au ciel.*

Ainsi-soit-il.

FIN.

TABLE.

	PAGES.
Préface	3.
I. Jeunesse de saint Silvin	5.
II. Ses pèlerinages	9.
III. Son apostolat	12.
IV. Sa mort	15.
V. Son culte à Offin	19.
Litanies	27.